SingLiesel

MIX
Papier | Fördert gute Waldnutzung
FSC® C014138

Satz: Röser MEDIA GmbH & Co. KG, Karlsruhe

Druck: FINIDR, s.r.o.
Printed in Czech Republic

ISBN 978-3-948106-29-4

3. Auflage

info@singliesel.de, www.singliesel.de

Bildnachweise:
Blumen: Gizele/Shutterstock.com
Cover-Foto: Roman Samborskyi/Shutterstock.com

Natali Mallek – Annika Schneider

HEUTE SCHON GEQUIZZT?

INHALT

EINFÜHRUNG

Die kurzen Rätsel in diesem Buch haben wir für das Gedächtnistraining für Seniorinnen und Senioren zusammengestellt. Die Rätselfragen eignen sich sowohl für kürzere Sequenzen in Begegnungen mit einzelnen Personen als auch zur Gestaltung von Gruppenstunden, die zu einem bestimmten Thema vorbereitet werden.

Lesen Sie die Fragen langsam vor. Machen Sie nach den Fragen eine kurze Pause und nennen Sie dann die jeweiligen Antwortmöglichkeiten. Je nachdem, auf welche Ressourcen die Teilnehmenden Ihrer Gedächtnistrainingseinheit zurückgreifen, passen Sie die Auswahl an Antwortmöglichkeiten individuell an. Sollte die Wahl aus drei Antworten zu schwierig sein, geben Sie nach der Frage nur zwei Auswahlmöglichkeiten an.
Die richtige Antwort ist farbig gedruckt.

Unter den Fragen finden Sie sowohl Themen aus dem Jahreskreis als auch alltägliche Themen, zu denen sich für die Seniorinnen und Senioren biografieorientierte Gruppenstunden gestalten lassen. Je nach Gruppenzusammensetzung und der jeweiligen Zielsetzung Ihres Angebots haben Sie entweder die Möglichkeit, die Rätselfragen als kleine Themenrätsel zu integrieren oder die kurzen Fragen im Verlauf einzeln einfließen zu lassen.

Manche Fragen zielen nicht auf ein bestimmtes Wissen ab, sondern auf Kombinationsgabe oder die Fähigkeit, etwas richtig einzuschätzen. Hier darf mutig drauflosgeraten werden.

Am Ende des Buchs finden Sie ein zusätzliches Kapitel mit kniffligen Rätselfragen für Angebote mit besonders fitten Seniorinnen und Senioren. Diese Rätsel eignen sich – wie auch die übrigen – sowohl für Gruppen als auch für Begegnungen zu zweit.

Wichtig ist bei allen Rätseln, dass die Mitratenden die Möglichkeit haben, selbst auf die Lösung zu kommen. Ergänzen Sie gegebenenfalls helfende Hinweise, die die Mitmachenden – sofern Sie die Lösung nicht ohnehin wissen – bei der Suche nach der richtigen Antwort unterstützen. Ebenfalls hilfreich kann es sein, wenn Sie beim Vorlesen die richtige Antwort besonders betonen und dadurch hervorheben.

Nun wünschen wir Ihnen und den Seniorinnen und Senioren viel Freude mit unseren Rätselfragen!

Natali Mallek und Annika Schneider

HEILIGE DREI KÖNIGE

Welches ist der Dreikönigstag?

a) 5. Januar

b) 6. Januar

c) 7. Januar

Wer zieht am Dreikönigstag von Tür zu Tür?

a) Die Fischerchöre

b) Die Sternsinger

c) Straßenmusikanten

Wie heißen die Heiligen Drei Könige?

a) Caspar, Melchior, Balthasar

b) Caspar, Melchior, Balduin

c) Caspar, Lothar, Balthasar

Wer oder was zeigte den Heiligen Drei Königen den Weg nach Bethlehem?

a) Ein Fremdenführer

b) Ein Engel

c) Ein Stern

Wo fanden die Heiligen Drei Könige das Christkind?

a) Im Stall

b) In der Garage

c) In der Scheune

FRÜHLING

In welchem Monat beginnt der Frühling?
a) Mai
b) April
c) März

Wie nennt man den Frühling auch?
a) August
b) Lenz
c) Ludger

Welches ist keine Frühlingsblume?
a) Aster
b) Krokus
c) Tulpe

Welches ist kein Frühlingslied?
a) Nun will der Lenz uns grüßen
b) Es tönen die Lieder
c) Bunt sind schon die Wälder

Was nennt man den „zweiten Frühling“?
a) Wenn im Herbst Frühlingsblumen blühen
b) Wenn sich eine ältere Person noch einmal verliebt
c) Wenn man im Frühling heiratet

SCHNEEGLÖCKCHEN

Wie heißt die Pflanzenfamilie der Schneeglöckchen?

a) Rosengewächse

b) Orchideengewächse

c) Amaryllisgewächse

Schneeglöckchen heißen auch „Galanthus“. Darin steckt das griechische Wort „gála“. Was bedeutet es?

a) Milch

b) Eis

c) Butter

Wie viele weiße Blütenblätter haben sie meistens?

a) 4

b) 3

c) 5

Wie erfolgt die Bestäubung bei Schneeglöckchen?

a) Durch Insekten

b) Selbstbestäubung

c) Nur durch den Züchter per Handbestäubung

Welche Tiere helfen Schneeglöckchen häufig durch das Weitertragen der Samen?

a) Eichhörnchen

b) Fliegen

c) Ameisen

VALENTINSTAG

Wann ist Valentinstag?
a) Am 1. Februar
b) Am 7. Februar
c) Am 14. Februar

Auf wen geht der Valentinstag zurück?
a) Auf Valerius, den Römer
b) Auf Valentinus, einen Märtyrer
c) Auf Valerie, eine schöne Frau

Wie nennt man den Valentinstag noch?
a) Den Tag der Liebenden
b) Den Tag der Kinder
c) Den Tag der Frauen

Wodurch kamen die Bräuche zum Valentinstag nach Deutschland?
a) Durch US-Soldaten nach dem Zweiten Weltkrieg
b) Durch einen Wanderprediger
c) Durch Fernsehsendungen

Was wird am Valentinstag am seltensten verschenkt?
a) Blumen
b) Socken
c) Küsse

APRILWETTER

Was bezeichnet man als Aprilwetter?
a) Schlechtes Wetter
b) Frühlingswetter
c) Ständigen Wetterwechsel

Wo gibt es das typische Aprilwetter?
a) Auf der ganzen Welt
b) In Mitteleuropa
c) In Deutschland

Was fürchten Landwirte und Pflanzenliebhaber im April am meisten?
a) Dass die Baumblüte erfriert
b) Dass sie einen Sonnenbrand bekommen
c) Dass sie einen Aprilscherz nicht verstehen

Eine alte Bauernregel besagt, dass der Juni trocken wird, wenn …?
a) … es im April mehr Sonnentage als Regentage gibt
b) … im April Schnee fällt
c) … es im April mehr Regen als Sonnenschein gibt

Warum ist der Wind im April oft sehr stark? Das liegt vor allem …
a) … am Einströmen der Frühlingsdüfte
b) … an den großen Temperaturunterschieden
c) … an besonders starken Mondeinflüssen

OSTERN

Was feiern Christen an Ostern?

a) Kreuzigung

b) Heilung von Kranken

c) Auferstehung

Wie heißt die Woche vor Ostern?

a) Grüne Woche

b) Karwoche

c) Graue Woche

Welche Tierkuchenform wird zu Ostern gern benutzt?

a) Lämmchen-Form

b) Kälbchen-Form

c) Ferkelchen-Form

Was machen Kinder an Ostern gerne?

a) Schuhe verstecken

b) Eier suchen

c) Zimmer aufräumen

Was ist kein Osterbrauch?

a) Schuhe vor die Tür stellen

b) Eier färben

c) Osterfeuer anzünden

MUTTERTAG

Wie heißt der Tag zu Ehren der Mütter?
a) Weltfrauentag
b) Muttertag
c) Familientag

Wann wird der Muttertag gefeiert?
a) Am 1. Sonntag im Mai
b) Am 2. Sonntag im Mai
c) Am 3. Sonntag im Mai

Wer wird am Muttertag beschenkt?
a) Tante und Onkel
b) Mutter und Vater
c) Mutter und Großmutter

Was wird am Muttertag selten oder gar nicht verschenkt?
a) Socken
b) Selbstgebasteltes
c) Blumen und Pralinen

Was machen Kinder häufig am Muttertag?
a) Socken stopfen
b) Flur putzen
c) Frühstückstisch decken

HERBST

Zwischen welchen Jahreszeiten liegt der Herbst?
a) Zwischen Frühling und Sommer
b) Zwischen Sommer und Winter
c) Zwischen Winter und Frühling

Welches Fest wird immer im Herbst gefeiert?
a) Erntedankfest
b) Osterfest
c) Pfingstfest

Was passiert im Herbst mit den Laubbäumen?
a) Sie bekommen neue Blüten
b) Sie fangen an zu wachsen
c) Sie verlieren ihre Blätter

Welches Lied passt zum Herbst?
a) Im Wald, da sind die Räuber
b) Kuckuck, ruft's aus dem Wald
c) Bunt sind schon die Wälder

Welcher Baum verliert im Herbst keine Blätter?
a) Eiche
b) Fichte
c) Birke

NIKOLAUS

Bischof Nikolaus wirkte der Legende nach in der Stadt Myra. In welchem heutigen Land liegt sie?

a) In Brasilien

b) In Griechenland

c) In der Türkei

Womit soll der heilige Nikolaus den drei Jungfrauen und ihrem armen Vater geholfen haben?

a) Mit drei Goldklumpen

b) Mit vier Kühen

c) Mit fünf Mandarinen

Nikolaus gilt auch als Patron der …?

a) Paketauslieferer

b) Seefahrer

c) Radfahrer

Samichlaus oder Santiglaus nennt man ihn wo?

a) In der Schweiz

b) In den Niederlanden

c) In Ungarn

Wie heißt der Gehilfe des heiligen Nikolaus?

a) Knecht Ruprecht

b) Schleichmichel

c) Knecht Alfred

LICHT

Was ist keine Lichtquelle?
a) Glühbirne
b) Williamsbirne
c) Kerzenbirne

Wer hat die Glühbirne erfunden?
a) Edison
b) Parkinson
c) Watson

Was ist eine „natürliche Lichtquelle“?
a) Regenwurm
b) Bandwurm
c) Glühwurm

Womit hat man früher ohne Elektrizität Lampen betrieben?
a) Benzin
b) Petroleum
c) Diesel

Was kann man bei einem Stromausfall nicht benutzen?
a) Kerze
b) Taschenlampe
c) Deckenlampe

Wer sprach laut Bibel die Worte: „Es werde Licht"?
a) Gott
b) Jesus
c) Heiliger Geist

Welches Licht hat jemand, der gerade geboren wurde, sprichwörtlich erblickt?
a) Das Licht des Lebens
b) Das Licht der Welt
c) Das Licht der Weisheit

Wenn man jemanden hintergeht oder veräppelt, führt man ihn …?
a) … in den Schatten
b) … weg von der Sonne
c) … hinters Licht

Wenn man eine schlechte Phase hat, muss man durchhalten, um dann welches Licht zu sehen?
a) Das Licht am Ende des Tages
b) Das Licht am Ende des Weges
c) Das Licht am Ende des Tunnels

Jemandem, der eine Idee hat, dem geht ein Licht …?
a) … auf
b) … an
c) … aus

Was ist dort, wo Licht ist, auch?
a) Sonne
b) Schatten
c) Tag

Jemand, der ausnahmsweise einmal etwas versteht, hat was für einen Moment?
a) Einen lichten Moment
b) Einen leuchtenden Moment
c) Einen hellen Moment

Jemand, der nicht besonders schlau ist, ist …?
a) … nicht die hellste Birne in der Lampe
b) … nicht der hellste Strahl der Sonne
c) … nicht die hellste Kerze auf der Torte

Der Letzte bildet …?
a) … das Schlusslicht
b) … den Schlussschein
c) … das Endlicht

Jemand, der plötzlich eine gute Idee hat, der hat …?
a) … einen Geistesblitz
b) … einen Gehirnblitz
c) … einen Geistesdonner

STERNE

Wie nennt man die Wissenschaft, die sich mit den Himmelskörpern, der Materie und der im Weltall auftretenden Strahlung befasst?

a) Astrometrie

b) Astrologie

c) Astronomie

Einen selbstleuchtenden Himmelskörper aus sehr heißem Gas und Plasma nennt man …

a) Stern

b) Komet

c) Satellit

Sterne bestehen zu 99 Prozent aus …?

a) Kupfer und Magnesium

b) Wasserstoff und Helium

c) Schwefel und Eisen

In welchem Märchen gibt ein armes Mädchen sein letztes Hemdchen ab und wird daraufhin reichlich beschenkt?

a) Rapunzel

b) Sterntaler

c) Schneewittchen

KATZEN

Welcher Gruppe ordnet man Katzen zu?
a) Raubtiere
b) Kriechtiere
c) Schleichtiere

Welches Tier ist keine Katze?
a) Hauskatze
b) Wildkatze
c) Meerkatze

Welche Katzenrasse gibt es nicht?
a) Angora
b) Schurwolle
c) Siam

Zu welchem Zweck werden Katzen auf Bauernhöfen gehalten?
a) Zum Bewachen des Hauses
b) Zum Schmusen
c) Zum Mäusefangen

Was können Katzen im Dunkeln besonders gut?
a) Sehen
b) Schmecken
c) Riechen

STEINE

Welche Steine findet man am Strand und an Bächen?

a) Kieselsteine

b) Ziegelsteine

c) Bimssteine

Wie nennt man Steine, die kleiner als 2 Millimeter sind?

a) Geröll

b) Sand

c) Schutt

Welchen Stein kann man essen?

a) Dominostein

b) Pflasterstein

c) Bordstein

Welcher Stein ist kein Schmuckstein?

a) Bernstein

b) Bergkristall

c) Bruchstein

Welches Gestein gibt es nicht auf der Erde?

a) Felsgestein

b) Mondgestein

c) Vulkangestein

FERNSEHEN

Wie hieß eine beliebte Familienserie im Fernsehen?
a) Baumstraße
b) Lindenstraße
c) Eichenstraße

Wie heißt eine bekannte tägliche Nachrichtensendung?
a) Tagesschau
b) Nachtschau
c) Morgenschau

Eine beliebte Krimireihe im Fernsehen heißt …?
a) Verbrechensschauplatz
b) Verborgener Winkel
c) Tatort

Wer hat noch nie „Wetten, dass …?" moderiert?
a) Frank Zander
b) Thomas Gottschalk
c) Frank Elstner

Wie heißt eine Kindersendung?
a) Säbelzahn
b) Löwenzahn
c) Elefantenzahn

GETREIDE

Welche dieser Getreidesorten hat die längsten Grannen?

a) Gerste

b) Weizen

c) Roggen

Welches Getreide mögen Pferde gern?

a) Hirse

b) Hafer

c) Reis

Aus welchem Getreide wird auch Schnaps hergestellt?

a) Weizen

b) Hafer

c) Hirse

Was wird nicht aus Getreide hergestellt?

a) Brot

b) Nudeln

c) Kompott

Welches Getreide wird auch gern gegrillt?

a) Hirse

b) Mais

c) Gerste

WERKZEUG

Was ist kein Werkzeug?

a) Schraubenzieher

b) Bohrmaschine

c) Nervensäge

Was ist das Handwerkszeug eines Schmieds?

a) Hammer und Meißel

b) Hammer und Amboss

c) Hammer und Sichel

Was findet man nicht in einem Werkzeugkasten?

a) Daumenschrauben

b) Holzschrauben

c) Flügelschrauben

Wer braucht einen Hobel?

a) Tischler

b) Elektriker

c) Klempner

Was braucht man, um einen Nagel einzuschlagen?

a) Zange

b) Säge

c) Hammer

MÄRCHEN

Wer hat viele bekannte Märchen aufgeschrieben?

a) Karl Heinz Müller

b) Gebrüder Grimm

c) Friedrich Schulz

Wie fangen viele Märchen an?

a) Es war einmal …

b) Vor langer Zeit …

c) Irgendwann …

In welchem Märchen gibt es eine Hexe?

a) Die Prinzessin auf der Erbse

b) Rotkäppchen

c) Hänsel und Gretel

Was passiert, wenn Frau Holle die Betten aufschüttelt?

a) Es regnet

b) Es hagelt

c) Es schneit

Wer hat besonders lange Haare?

a) Rapunzel

b) Dornröschen

c) Schneewittchen

LIEBE

Welche Stadt nennt man auch die Stadt der Liebe?
a) New York
b) London
c) Paris

Welches christliche Fest nennt man das Fest der Liebe?
a) Weihnachten
b) Ostern
c) Pfingsten

Welcher dieser römischen Götter ist als Gott der Liebe bekannt?
a) Neptun
b) Amor
c) Mars

Mit welchem Attribut wird Amor in der Kunst meist dargestellt?
a) Mit einem Ahornblatt
b) Mit einem Löwenfell
c) Mit Flügeln

Wann ist Valentinstag oder der Tag der Liebenden?
a) Am 14. Februar
b) Am 20. März
c) Am 30. Mai

ALTE HAUSMITTEL

Welche Temperatur sollten Wadenwickel bei Fieber haben?
a) Leitungskühl
b) Eiskalt
c) Lauwarm

Welches Hausmittel hilft bei Ohrenschmerzen?
a) Zwiebelsäckchen
b) Knoblauchsäckchen
c) Kartoffelsäckchen

Welches Hausmittel soll bei Insektenstichen den Juckreiz lindern?
a) Apfelsaft
b) Apfelessig
c) Apfelschnaps

Von wem wurde Hühnersuppe bereits als Mittel gegen Erkältung eingesetzt?
a) Von den alten Inuit-Stämmen
b) Von den Ureinwohnern Australiens
c) Von den alten Ägyptern

Wogegen werden Gewürznelken häufig empfohlen?
a) Gegen geschwollene Füße
b) Gegen Zahnschmerzen
c) Gegen Ohrenjucken

GESCHIRR

Aus welchem Land wurden die ersten Trinkgefäße aus Porzellan nach Europa importiert?

a) Aus Mexiko

b) Aus Afrika

c) Aus China

Für welches Porzellan steht das Symbol gekreuzter Kurzschwerter?

a) Für Meissener Porzellan

b) Für Dresdener Porzellan

c) Für Leipziger Porzellan

Wie heißt ein Untersatz für Tee- oder Kaffeekannen, mit dem das Getränk warmgehalten werden soll?

a) Stövchen

b) Mövchen

c) Stößchen

Wie heißt ein seit dem Barock beliebter mehrstöckiger Tischaufsatz für Pralinen, Obst oder Gebäck?

a) Maisonette

b) Etagere

c) Baguette

NACHTISCH

Welcher der folgenden Vornamen ist auch der Name eines beliebten Nachtischs?

a) Dorothée

b) Marianne

c) Charlotte

Was sind die drei Hauptzutaten für eine klassische „Birne Helene“?

a) Vanilleeis, Birne und Schokoladensoße

b) Schokoladeneis, Birne und Sahne

c) Karamellpudding, Birne und Vanillesoße

Zu welchem Nachtisch gehören die folgenden Zutaten: Weißwein, Gelatine, Zucker, Zitronensaft und geschlagene Sahne?

a) Bayrische Creme

b) Weincreme

c) Blaubeercreme

Welcher Kuchen heißt wie ein unangenehmer Insektenstich im Sommer?

Der Bienenstich

Wie heißt ein beliebter Nachtisch aus Österreich, der aus Milch, Eiern, Zucker, Mehl und einer Prise Salz gemacht wird, manchmal auch mit Rosinen?

Kaiserschmarrn

DER FROSCHKÖNIG

Welchen Titel hat das Märchen „Der Froschkönig“ noch?

a) Der eiserne Wilhelm

b) Der kupferne Heinrich

c) Der eiserne Heinrich

Was ist das liebste Spiel der jüngsten Königstochter?

a) Eine goldene Kugel hochwerfen und wieder auffangen

b) Mit einem Ball spielen

c) Seil springen

Wie nennt die jüngste Königstochter den Frosch, als sie ihn das erste Mal sieht?

a) Wasserpatscher

b) Brunnengeist

c) Unglückstier

Wann verwandelt der Frosch sich in einen Prinzen?

a) Als die Königstochter ihn küsst

b) Als die Königstochter ihn mit einer Träne benetzt

c) Als die Königstochter ihn gegen die Wand wirft

Wie viele eiserne Bänder springen vom Herzen des treuen Heinrich ab, weil sein Herr erlöst war?

a) 2

b) 3

c) 10

MUSIKINSTRUMENTE

Worum handelt es sich bei einer Geige?
a) Um ein Blasinstrument
b) Um ein Streichinstrument
c) Um ein Schlaginstrument

Welches Instrument ist kein Tasteninstrument?
a) Akkordeon
b) Klavier
c) Kontrabass

Welches Instrument ist ein Zupfinstrument?
a) Gitarre
b) Trompete
c) Flöte

Welches Instrument ist kein Saiteninstrument?
a) Triangel
b) Zither
c) Harfe

Welches Instrument ist ein Schlaginstrument?
a) Mandoline
b) Trommel
c) Posaune

WERBUNG

Welche Schokoladenmarke wirbt mit einer farbigen Kuh?
Milka

„Perfekter Halt bei jedem Wetter." Das verspricht das Haarspray „…-Wetter-taft" von Schwarzkopf.
3-Wetter-taft

Mit wie vielen „Zähnen" ist der echte Leibniz Butterkeks ausgestattet? „Nur echt mit …!" –
… 52 Zähnen

Welche Nummer trägt das weltweit bekannteste Kölnisch Wasser?
4711

Wie heißt ist die bekannteste Klebstoffmarke Deutschlands?
Uhu

„… Verpoorten allerorten". Was wurde diesem Slogan nach „allerorten" getrunken?
Eierlikör

„Dann klappt's auch mit dem Nachbarn." Was wurde mit diesem Slogan beworben?
Calgonit

GETRÄNKE

Was braucht man, um Kaffee zu kochen?

a) Rote Bohnen

b) Kakaobohnen

c) Kaffeebohnen

Welches Getränk enthält Alkohol?

a) Weinschorle

b) Traubensaft

c) Apfelschorle

Welches dieser drei Getränke ist ein Mixgetränk?

a) Cola

b) Spezi

c) Fanta

Welches dieser Getränke enthält Kalzium?

a) Milch

b) Tee

c) Kaffee

Aus welchen Zutaten bereitet man einen Pharisäer zu?

a) Tee, Rum und Schlagsahne

b) Kaffee, Rum und Schlagsahne

c) Kakao, Rum und Schlagsahne

WETTER

Wer macht Wettervorhersagen?

a) Der Urologe

b) Der Astrologe

c) Der Meteorologe

Sehr wechselhaftes Wetter nennt man?

a) Märzwetter

b) Aprilwetter

c) Maiwetter

Wann kann man einen Regenbogen sehen?

a) Wenn es regnet und gleichzeitig die Sonne scheint

b) Nach einem Schneesturm

c) Im Nebel

Woraus bestehen Hagelkörner?

a) Aus Eisklümpchen

b) Aus Schneeflocken

c) Aus Sand

Zu welcher Jahreszeit gibt es sehr häufig Nebelbildung?

a) Frühling

b) Sommer

c) Herbst

VÖGEL

Welcher Vogel legt seine Eier gern in fremde Nester?

a) Krähe

b) Kuckuck

c) Kranich

Welchen Vogel nennt man diebisch?

a) Elster

b) Rotkehlchen

c) Amsel

Welcher Vogel kann nicht fliegen?

a) Eisvogel

b) Kanarienvogel

c) Strauß

Welcher Vogel frisst gern Aas?

a) Geier

b) Meise

c) Sperling

Welcher Vogel ist kein Raubvogel?

a) Bussard

b) Specht

c) Adler

WASSER

Womit wäscht man sich?

a) Mundwasser

b) Rasierwasser

c) Leitungswasser

Wozu braucht man Wasser im Garten?

a) Zum Gießen

b) Zum Unkrautjäten

c) Zum Sträucherbeschneiden

Was ist Danziger Goldwasser?

a) Leitungswasser aus Danzig

b) Ein alkoholisches Getränk

c) Saft

Was ist kein künstliches Gewässer?

a) Kanal

b) Fluss

c) Baggersee

Was ist die chemische Bezeichnung für Wasser?

a) H_2O

b) Fe

c) O_3

HAGEBUTTE

Hagebutten sind die Früchte der ...?

a) Hasentulpe

b) Katzennelke

c) Hundsrose

Die widerhakenbestückten Härchen auf den „Kernen“ der Hagebutte können etwas Unangenehmes bewirken, wenn man sie berührt. Man bekommt ...

a) ... schweißnasse Finger

b) ... blaue Pöckchen auf der Haut

c) ... Juckreiz

Je später man Hagebutten pflückt, desto süßer schmecken sie. Stimmt diese Aussage?

Ja, das stimmt.

Das Öl der Hagebutten findet vor allem in welchem Bereich Anwendung?

a) In der Hautpflege

b) In der Sterneküche

c) In der Autoindustrie

Welches Kinderlied handelt von der Hagebutte?

a) Hänschen klein

b) Ein Männlein steht im Walde

c) Fuchs, du hast die Gans gestohlen.

FLÜSSE

Welcher Fluss fließt nicht durch Deutschland?

a) Nil

b) Main

c) Rhein

In welches Meer mündet die Weser?

a) Ostsee

b) Nordsee

c) Südsee

Zwischen welchen Ländern ist der Rhein kein Grenzfluss?

a) Deutschland und Schweiz

b) Deutschland und Polen

c) Deutschland und Frankreich

Welcher Fluss fließt durch Berlin?

a) Oder

b) Havel

c) Spree

Welcher dieser drei Flüsse ist der längste?

a) Donau

b) Elbe

c) Mosel

FISCHE

Welche Fische gibt es nicht?

a) Süßwasserfische

b) Salzwasserfische

c) Zuckerwasserfische

In welchem Gewässer findet man keine Forelle?

a) Meer

b) Teich

c) Bach

Welcher dieser Fische ist ein Zierfisch?

a) Hering

b) Goldfisch

c) Kabeljau

Welches Fischgericht essen Kinder gern?

a) Forelle blau

b) Kutterscholle

c) Fischstäbchen

Von welchem Fisch kommt die Schillerlocke?

a) Dornhai

b) Seelachs

c) Thunfisch

LÄNDER DIESER WELT

Welcher Turm steht in Italien?

a) Eiffelturm

b) Schiefer Turm von Pisa

c) Big Ben

Welches Land grenzt nicht an Deutschland?

a) Liechtenstein

b) Dänemark

c) Polen

In welchem Land steht die Freiheitsstatue?

a) Kanada

b) Mexiko

c) USA

Welche Farben hat die chinesische Flagge?

a) Rot und Gelb

b) Blau und Weiß

c) Gelb und Grün

Durch welches dieser Länder fließt der Rhein?

a) Luxemburg

b) Liechtenstein

c) Spanien

FRANKREICH

Wie heißt die Hauptstadt von Frankreich?
a) Paris
b) Nizza
c) Bordeaux

Wie nennt man Frankreichs Hauptstadt auch noch?
a) Stadt der Tränen
b) Stadt der Liebe
c) Stadt der Träume

Welcher Fluss trennt Frankreich und Deutschland?
a) Donau
b) Elbe
c) Rhein

Wie nennt man das französische Weißbrot?
a) Pumpernickel
b) Baguette
c) Bread

Welches Land hat keine Grenze zu Frankreich?
a) Portugal
b) Spanien
c) Belgien

ITALIEN

Welche Form hat Italien auf der Landkarte?

a) Hut

b) Stiefel

c) Hose

Wie heißt die Hauptstadt von Italien?

a) Verona

b) Neapel

c) Rom

Welches dieser Länder hat keine Grenze zu Italien?

a) Deutschland

b) Schweiz

c) Österreich

Welcher See liegt nicht in Italien?

a) Lago Maggiore

b) Wolfgangsee

c) Gardasee

Welche Insel gehört zu Italien?

a) Korsika

b) Sylt

c) Sardinien

MILCHPRODUKTE

Welche Bakterien benötigt man für die Herstellung von Joghurt?
a) Milchsüßebakterien
b) Milchsäurebakterien
c) Joghurtsäurebakterien

Wer sang das berühmte Lied „Aber bitte mit Sahne"?
a) Reinhard Mey
b) Udo Jürgens
c) Peter Alexander

Worum handelt es sich bei „Casu Marzu"?
a) Einen Schafskäse, der Maden enthält
b) Einen Ziegenkäse, der von Katzen gefressen wird
c) Einen Weißschimmelkäse aus Kuhmilch

Was ist Kefir?
a) Ein besonders fetthaltiger Joghurt
b) Ein besonders lange gereifter Käse
c) Ein Sauermilchprodukt mit Kohlensäure und Alkohol

Wie heißt eine Werbefigur eines niederländischen Molkereiverbandes?
a) Frau Anne
b) Frau Antje
c) Frau Anja

OKTOBERFEST

Wann beginnt traditionell das Oktoberfest?
a) Am ersten Sonntag nach dem 15. September
b) Am 15. September
c) Am 1. Oktober

In welcher Stadt findet das Oktoberfest statt?
a) Wien
b) Frankfurt
c) München

Wie heißt der Platz, auf dem das Oktoberfest stattfindet?
a) Katharinenwiese
b) Theresienwiese
c) Marienwiese

Welche Kleidung wird auf dem Oktoberfest bevorzugt getragen?
a) Jeans und T-Shirt
b) Dirndl und Lederhosen
c) Kostüm und Anzug

Wer sticht zur Eröffnung des Oktoberfestes das erste Fass an?
a) Die Kanzlerin
b) Der Ministerpräsident
c) Der Oberbürgermeister

FARBEN

Welche Farbe ist keine Grundfarbe?

a) Rot

b) Gelb

c) Grün

Welche Farben muss man mischen, damit man die Farbe Lila bekommt?

a) Rot und Blau

b) Rot und Gelb

c) Blau und Gelb

Wer trägt zur Arbeit schwarze Kleidung?

a) Arzt

b) Schornsteinfeger

c) Bauarbeiter

Welche Farbe haben Feuerwehrautos?

a) Pink

b) Lila

c) Rot

Welche Farben hat die Verkehrsampel?

a) Rot, Orange, Blau

b) Rot, Gelb, Grün

c) Rot, Gelb, Blau

KLEIDUNG

Welche Fußbekleidung eignet sich bei Regenwetter?
a) Pantoffeln
b) Gummistiefel
c) Sandaletten

Was trägt man im Schwimmbad?
a) Badeanzug
b) Schlafanzug
c) Unterwäsche

Welches Kleidungsstück gehört zur bayerischen Tracht?
a) Abendkleid
b) Etuikleid
c) Dirndlkleid

Was tragen Babys?
a) Strampelhosen
b) Pumphosen
c) Lederhosen

Wer trägt keine Uniform?
a) Polizist
b) Lehrer
c) Soldat

TIERKINDER

Wie nennt man die Babys von Hunden?
Welpen

Wie nennt man die Babys von Rehen?
Kitze

Wie nennt man die Babys von Fröschen?
Kaulquappen

Wie nennt man die Babys von Wildschweinen?
Frischlinge

Wie nennt man die Babys von Pferden?
Fohlen

Wie nennt man die Babys von Kühen?
Kälber

Wie nennt man die Babys von Vögeln?
Küken

Wie nennt man die Babys von Robben?
Heuler

Wie nennt man die Babys von Schafen?
Lämmer

INSEKTEN

Welche Krankheit wird von Mücken übertragen?
a) Masern
b) Windpocken
c) Malaria

Welches Insekt kann nicht fliegen?
a) Grashüpfer
b) Motte
c) Wespe

Welche Insekten leben in Völkern als Staat zusammen?
a) Grillen
b) Ameisen
c) Stubenfliegen

Wo leben Libellen gern?
a) In dunklen Wäldern
b) In der Nähe von Gewässern
c) In der Wüste

Welche Insekten nisten sich gern im Fell von Hunden und Katzen ein?
a) Flöhe
b) Wespen
c) Fliegen

Welches Insekt liefert dem Menschen Honig?

a) Wespe

b) Hornisse

c) Biene

Welches Insekt ist kein Schmetterling?

a) Zitronenfalter

b) Bremse

c) Pfauenauge

Welchen Insektenstich gibt es auch als leckeren Kuchen?

a) Bienenstich

b) Mückenstich

c) Wespenstich

Welcher Insektenname wird in der Mehrzahl auch als ein Wort für „Geld“ benutzt?

a) Fliegen

b) Libellen

c) Mücken

Welches Insekt gibt einem berühmten Auto seinen Namen?

a) Hornisse

b) Käfer

c) Hummel

SÄNGERINNEN

Welche Sängerin wollte einen „Cowboy als Mann“?
a) Lena Valeitis
b) Andrea Berg
c) Gitte Henning

Welche Sängerin hat mit dem Lied „Ein bisschen Frieden“ einen internationalen Preis gewonnen?
a) Ramona
b) Nicole
c) Nena

Welche Sängerin hat das Lied „99 Luftballons“ gesungen?
a) Madonna
b) Nena
c) Tina York

Aus welchem Land kommt die Sängerin Vicky Leandros?
a) Italien
b) Spanien
c) Griechenland

Welche Sängerin nannte man den „Spatz von Paris“?
a) Mireille Mathieu
b) Edith Piaf
c) Françoise Hardy

SÄNGER

Welchen Sänger nennt man auch „König von Mallorca“?
a) Jürgen Marcus
b) Erik Silvester
c) Jürgen Drews

Wie nannte man die Beatles auch?
a) Pilzköpfe
b) Dummköpfe
c) Holzköpfe

Wie nannte man Elvis Presley noch?
a) Walzerkönig
b) King of Rock'n'Roll
c) Hip-Hop-King

Welchen Sänger erkennt man an seinem hellen kurzen Haar und einer dunklen Brille?
a) Udo Jürgens
b) Rex Gildo
c) Heino

Wen bezeichnet man als „deutsche Rock’n’Roll-Legende“?
a) Peter Kraus
b) Peter Maffay
c) Peter Frankenfeld

MARMELADE

Welche Grundbestandteile sind in Marmelade enthalten?
a) Alkohol und Früchte
b) Zucker und Früchte
c) Zucker und Alkohol

Was ist so ähnlich wie Marmelade?
a) Kuvertüre
b) Ouvertüre
c) Konfitüre

Welches ist die beliebteste Marmeladensorte in Deutschland?
a) Kirsch
b) Erdbeer
c) Himbeer

Zu welcher Mahlzeit wird Marmelade am häufigsten gegessen?
a) Frühstück
b) Mittagessen
c) Abendessen

Wo bewahrt man geöffnete Marmeladengläser auf?
a) Im Kühlschrank
b) Im Schuhschrank
c) Im Kleiderschrank

USA

Wie heißt die Währung der Vereinigten Staaten?

a) Dukaten

b) Dinare

c) Dollar

Wie heißt die Hauptstadt der USA?

a) Washington D.C.

b) New York

c) Los Angeles

Wo findet man das legendäre Gefängnis Alcatraz?

a) Auf einer Insel vor San Francisco

b) In den Rocky Mountains

c) In der Wüste Nevada

Welche dieser Sehenswürdigkeiten findet man in den USA?

a) Das Brandenburger Tor

b) Den Eiffelturm

c) Die Freiheitsstatue

Wer war noch nie Präsident der USA?

a) George Bush

b) Burt Lancaster

c) Bill Clinton

GESCHWISTER

Geschwister haben …
a) … immer dieselben Eltern
b) … immer die gleiche Schuhgröße
c) … immer die gleiche Augenfarbe

Welche Geschwister haben Märchen aufgeschrieben?
a) Die Jocob Sisters
b) Die Geschwister Hoffmann
c) Die Gebrüder Grimm

Wie heißen die Kessler-Zwillinge mit Vornamen?
a) Adele und Ella
b) Alice und Ellen
c) Ariane und Erika

Was haben die Kessler-Zwillinge auf der Bühne gemacht?
a) Gekocht und gebacken
b) Getanzt und gesungen
c) Geflucht und getrunken

Was nennt man nicht Drillinge?
a) Kleine Möhren
b) Kleine Kartoffeln
c) Drei Geschwister, die am selben Tag im gleichen Jahr geboren wurden

Wie nennen Kinder die Geschwister ihrer Mutter?
a) Onkel und Tante
b) Oma und Opa
c) Cousin und Cousine

Wie hieß Kains Bruder?
a) Abraham
b) Abel
c) Adam

Welches Geschwisterpaar wird in einem Märchen im Wald ausgesetzt?
a) Jorinde und Joringel
b) Hänsel und Gretel
c) Schneeweißchen und Rosenrot

In welches Tier verwandelt sich der Bruder in dem Märchen „Brüderchen und Schwesterchen"?
a) Fuchs
b) Hase
c) Reh

Welche berühmten Geschwister wohnen in Entenhausen?
a) Tick, Trick und Track
b) Fix und Foxy
c) Joe, William, Jack und Averell

HUNDE

Was ist der Hund nicht?

a) Ein guter Koch

b) Ein guter Gefährte

c) Der beste Freund des Menschen

Welches ist kein Rassehund?

a) Pudel

b) Mischling

c) Windhund

Welche Hunde werden nicht als Blindenhunde ausgebildet?

a) Schäferhunde

b) Dackel

c) Golden Retriever

Wofür bildet die Polizei Hunde aus?

a) Zur Fleischsuche

b) Zur Kuchensuche

c) Zur Drogensuche

Welche Hunde werden zu Lawinenhunden ausgebildet?

a) Bernhardiner

b) Pekinesen

c) Boxer

HAUSTIERE

Was sind Haustiere nicht?

a) Nutztiere

b) Tiere, die man zum Vergnügen hält

c) Wildtiere

Welches Haustier nennt man „des Menschen bester Freund"?

a) Katze

b) Hund

c) Hamster

Welches dieser Tiere ist ein Nutztier?

a) Schwein

b) Meerschweinchen

c) Wellensittich

Welches dieser Tiere gibt keine Milch?

a) Ziege

b) Kuh

c) Stier

Welches Tier hält man vorwiegend, um Wolle zu gewinnen?

a) Schaf

b) Ziege

c) Hund

MEER

Wie viel Prozent der Erdoberfläche ist von Wasser bedeckt?
a) Ca. 57 Prozent
b) Ca. 71 Prozent
c) Ca. 83 Prozent

An welchen Meeren kann man in Deutschland Urlaub machen?
a) Nordsee und Südsee
b) Ostsee und Atlantik
c) Nordsee und Ostsee

Welche Vögel sieht man am häufigsten am Meer?
a) Möwen
b) Tauben
c) Raben

Was hat Einfluss auf Ebbe und Flut?
a) Die Sterne
b) Die Sonne
c) Der Mond

Welcher dieser Meeresbewohner ist ein Säugetier?
a) Hering
b) Wal
c) Qualle

URLAUB

Welche dieser Inseln ist eine der beliebtesten Urlaubsinseln der Deutschen?

a) Feuerland

b) Kuba

c) Mallorca

Welche dieser deutschen Inseln ist keine Nordseeinsel?

a) Rügen

b) Sylt

c) Norderney

Wenn man in Tirol Urlaub macht, ist man nicht in …?

a) Italien

b) der Schweiz

c) Österreich

Welcher Berg zwischen Frankreich und Italien ist der höchste Berg der Alpen?

a) Monte Viso

b) Zugspitze

c) Mont Blanc

Was macht man beim Strandurlaub nicht?

a) Schwimmen

b) Sich in die Sonne legen

c) Bergwandern

Wo kann man eine Alm besuchen?
a) Österreich
b) Holland
c) Dänemark

Urlaub auf dem Schiff ist eine …?
a) Kreuzfahrt
b) Hafenrundfahrt
c) Segeltour

Zählen Sie drei nordfriesische Inseln auf.
Sylt, Föhr, Amrum, Pellworm, Nordstrand

Zählen Sie drei ostfriesische Inseln auf.
Borkum, Juist, Norderney, Baltrum, Langeoog, Spiekeroog, Wangerooge

Nennen Sie die drei deutschen Ostseeinseln.
Fehmarn, Rügen und Usedom

Wenn man sich im Urlaub auf einer Ostseeinsel berühmte Kreidefelsen ansieht, dann verbringt man seine Zeit auf der Insel …
a) Usedom
b) Rügen
c) Juist

SCHULE

Was ist kein Name für eine Tasche, in der Schulkinder ihre Bücher transportieren?

a) Ranzen

b) Börse

c) Tornister

Was wurde ursprünglich für die Mine von Bleistiften verwendet?

a) Graphit

b) Blei

c) Eisen

Wie heißt der Lehrer in der Geschichte „Max und Moritz“ von Wilhelm Busch?

a) Meyer

b) Hampel

c) Lämpel

Welche Farbe hat der Brief, den Schüler bekommen, deren Versetzung gefährdet ist?

a) Rot

b) Blau

c) Gelb

BACKEN

Was ist kein Backtriebmittel?

a) Nitrit

b) Natron

c) Hirschhornsalz

Was macht in einem berühmten Kinderlied den Kuchen „gel“?

a) Lebensmittelfarbe

b) Safran

c) Kurkuma

Aus welchem Teig wird ein Gugelhupf gebacken?

a) Mürbeteig

b) Rührteig

c) Hefeteig

Was ist Hefe?

a) Ein Pilz

b) Eine Milchsäurebakterie

c) Ein Salz

Was gibt die Typenzahl beim Mehl an?

a) Die Mineralstoffmenge

b) Den Zuckergehalt

c) Die Anzahl der verarbeiteten Getreidekörner

THEATER

Das Theater wird auch bezeichnet als „die Bretter, die …"
a) … gut zusammenhalten
b) … die Welt bedeuten
c) … schnell zusammenbrechen

Der Held in einem Theaterstück von Lessing heißt „Nathan der …"
a) … Große
b) … Weise
c) … Kleine

Wer schrieb „Kabale und Liebe"?
a) Johann Wolfgang von Goethe
b) Friedrich Schiller
c) William Shakespeare

Wie heißt das berühmte Theaterstück?
a) Der zerbrochne Krug
b) Die zerbrochne Vase
c) Das zerbrochne Herz

Vor einer Theateraufführung wünschen sich die Schauspieler traditionsgemäß …
a) Viel Erfolg und alles Gute
b) Gottes reichen Segen
c) Hals- und Beinbruch

SCHMUCK

Was ist Gold?

a) Ein Stein

b) Ein Mineral

c) Ein Edelmetall

Kennen Sie das Sprichwort: „Die Kette ist so stark wie …"?

a) … ihr schwächstes Glied."

b) … ihr kleinster Edelstein."

c) … ihr Goldschmied."

Woraus bestehen Perlen?

a) Elfenbein

b) Perlmutt

c) Kalk

Was ist Reden, einem alten Sprichwort folgend?

a) Kupfer

b) Gold

c) Silber

An welchem Finger trägt man im deutschen Kulturkreis den Ehering?

a) Am rechten Mittelfinger

b) Am linken Ringfinger

c) Am rechten Ringfinger

KNÖPFE

Wo wurden im 13. Jahrhundert Knöpfe mit Knopflöchern anstelle von Schlaufen erfunden?

a) In Schweden

b) In Frankreich

c) In Deutschland

Bevor die Knöpfe erfunden wurden, war es üblich, die Kleidung womit zu schließen?

a) Mit Bändern und Fibeln

b) Mit Stricken und Lexika

c) Mit Garn und Romanen

Auf welcher Seite aus Sicht des Trägers befinden sich Knopf und Knopfloch bei der traditionellen Links-Rechts-Knöpfung für Herren?

a) Der Knopf befindet sich auf der rechten Seite, das Knopfloch auf der linken

b) Der Knopf befindet sich auf der linken Seite, das Knopfloch auf der rechten

Ein Nietenknopf besteht üblicherweise aus welchem Material?

a) Kunststoff

b) Metall

c) Horn

50ER-JAHRE

Wie wird der Gewinn der Fußball-Weltmeisterschaft durch die Deutsche Nationalmannschaft im Jahre 1954 auch bezeichnet?

a) Das Wunder von Berlin

b) Das Wunder von Loch Ness

c) Das Wunder von Bern

Wie nennt man das in den 50er-Jahren bekannt gewordene Wohnzimmermöbel mit einer halbhohen, durchgängigen Rücken- und Armlehne?

a) Cocktailsessel

b) Punschsofa

c) Longdrinkstuhl

Wie hieß eine bekannte Hörfunk-Familie aus den 50er-Jahren, deren Mutter und Vater Marie und Karl hießen?

a) Familie Wasselfuß

b) Familie Hesselbach

c) Familie Hasselsee

Wie nennt man einen seit den 1950er-Jahren bekannten Reifen aus Kunststoff, mit dem die Geschicklichkeit trainiert wird und den man um seine Hüften kreisen lassen kann?

a) Hula-Hoop-Reifen

b) Haarreifen

c) Ersatzreifen

Welches bauschige Kleidungsstück heißt, aus dem Französischen und Englischen übersetzt, so viel wie „kleiner Umhang“?

a) Der Trenchcoat

b) Der Longcoat

c) Der Petticoat

Wie hießen die in den 50er- und 60er-Jahren beliebten Gastronomiebetriebe, in denen nichtalkoholische Getränke und oft auch Eis verkauft wurden?

a) Cocktailbars

b) Milchbars

c) Tanzbars

Welche Zutat gehört nicht auf einen Toast Hawaii?

a) Ananas

b) Schinken

c) Salami

Welcher Verbund öffentlich-rechtlicher Rundfunkanstalten wurde am 9. Juni 1950 gegründet?

a) Die ARD

b) Die FDP

c) Das ZDF

60ER-JAHRE

Im Jahr 1969 wurde erstmals eine Musiksendung im Zweiten Deutschen Fernsehen ausgestrahlt, die danach über 30 Jahre lang erfolgreich war. Der erste langjährige Moderator war unter anderem dafür bekannt, dass er den Abspann in einem sehr schnellen Tempo mitsprach. Wie hieß diese erfolgreiche Musiksendung?

a) Die ZDF-Musikparade

b) Die ZDF-Showparade

c) Die ZDF-Hitparade

Anfang der 60er-Jahre startete eine Filmreihe, die auf den Romanvorlagen des Buchautors Ian Fleming basiert. Im Mittelpunkt der Reihe steht ein Agent des britischen Auslandsgeheimdienstes. Wie heißt der weltweit bekannte Geheimagent, der bis heute auf Verbrecherjagd geht?

a) James Bond

b) James Last

c) James Dean

Wer schrieb die Romane über einen sehr bekannten Apachen-Häuptling und seinen Blutsbruder, die in den 60er-Jahren verfilmt wurden?

a) Edgar Wallace

b) Karl May

c) Selma Lagerlöf

Wer war von 1957 bis 1966 Regierender Bürgermeister von Berlin und von 1969 bis 1974 der vierte Bundeskanzler der Bundesrepublik Deutschland?

a) Willy Brandt
b) Helmut Schmidt
c) Ludwig Erhard

Mit „Die Vögel" kam 1963 ein wahrer Klassiker unter den Horrorfilmen sowohl in die US-amerikanischen als auch in die deutschen Kinos. Wer führte damals bei der Filmproduktion die Regie?

a) Alfred Tetzlaff
b) Alfred Biolek
c) Alfred Hitchcock

Welches aus den 1930er-Jahren stammende und von Mary Quant wiederentdeckte kurze Kleidungsstück für Frauen wurde 1962 in der britischen Zeitschrift Vogue abgebildet und entwickelte sich von da an zu einem weltweiten Verkaufsschlager?

a) Der Glockenrock
b) Der Minirock
c) Der Tellerrock

1961 wurde in Deutschland erstmals ein Musical über ein Blumenmädchen aufgeführt, aus dem eine Dame werden soll. Berühmt sind unter anderem die Lieder „Es grünt so grün“, „Wäre det nich wundascheen?“ und „Ich hätt getanzt heut Nacht“. Wie heißt das Musical?

a) My Fair Lady
b) West Side Story
c) Dr. Dolittle

Wie heißt die zweiteilige Badebekleidung für Frauen, die unter anderem durch den Film „007 jagt Dr. No“ in den 60er-Jahren wieder äußerst populär wurde?

a) Triokini
b) Monokini
c) Bikini

In welchem Jahr erklärte John F. Kennedy: „Ich bin ein Berliner“?

a) 1969
b) 1967
c) 1963

MARIENKÄFER

Von welchen Insekten ernähren sich Marienkäfer?
a) Von Spinnen und Ameisen
b) Von Mücken und Fliegen
c) Von Läusen und Milben

Welchen Marienkäfer gibt es wirklich?
a) Den Licht-Marienkäfer
b) Den Lampen-Marienkäfer
c) Den Kerzen-Marienkäfer

Worauf weist die Anzahl der Punkte auf den Flügeln der Marienkäfer hin?
a) Auf das Alter
b) Auf die Art
c) Auf die Zahl der Kinder

Welche Körperfarbe gibt es bei Marienkäfern nicht?
a) Violett
b) Rot
c) Gelb

Wie wird der Marienkäfer auch genannt?
a) Mondkäfer
b) Wolkenkäfer
c) Sonnenkäfer

KARTOFFELGERICHTE

Welche Zutat kommt zur Bindung in den Teig von Kartoffelpuffern oder Reibeplätzchen?

a) Butter

b) Sahne

c) Eier

Nach welcher Kartoffelbeilage suchen wir? Sie besteht aus gekochten und gestampften Kartoffeln, wird mit Ei gebunden und mit Muskatnuss verfeinert. Anschließend wird sie geformt und frittiert oder im Ofen gebacken.

a) Ofenkartoffeln

b) Kroketten

c) Bratkartoffeln

Welcher der folgenden Namen bezeichnet keine Kartoffelsorte?

a) Agata

b) Erika

c) Tamara

Aus welchen zwei Hauptzutaten besteht die Soße beim Kartoffelgratin?

a) Sahne und Milch

b) Milch und Butter

c) Joghurt und Sahne

KNIFFLIGE RÄTSELFRAGEN

AUTO

Welches System soll das Fahrzeug aus jeder Geschwindigkeit sicher und komfortabel abbremsen?

a) Das Bremssystem

b) Der Antriebsstrang

c) Die Karosserie

Was versteht man nicht unter der Verkehrsregel „rechts vor links"?

a) Die Verkehrsschilder, die am rechten Fahrbahnrand stehen, haben Vorrang

b) Der Fahrer, der von rechts kommt, hat Vorfahrt

c) Das Auto, das von links kommt, muss Vorfahrt gewähren

Welche Lichtsignalfarbe fehlt bei gängigen Fußgängerampeln im Vergleich zu Ampeln für Autos?

a) Gelb

b) Rot

c) Grün

Nach welchem Tier ist eine bekannte Form des Fußgängerüberwegs benannt?

a) Zebra

b) Tiger

c) Elefant

Wie sind die Fußpedale in einem klassischen Schaltwagen angebracht? (Von links nach rechts.)

a) Gaspedal, Bremse, Kupplung

b) Bremse, Kupplung, Gaspedal

c) Kupplung, Bremse, Gaspedal

FRÜHLING

Welche unserer heimischen Singvögel fangen schon in den letzten Wintertagen an, ihre Eier auszubrüten?

a) Fink und Spatz

b) Amsel und Zaunkönig

c) Fichtenkreuzschnabel und Kolkrabe

Welche Schmetterlingsart kann man schon etwa zwei Monate früher im Jahr als andere beobachten, da sie ein spezielles körpereigenes „Frostschutzmittel“ in sich trägt?

a) Den Tagfalter

b) Den Zitronenfalter

c) Das kleine Nachtpfauenauge

Wovon ist die Rede, wenn man vom „Frühlingsäquinoktium“ spricht?

a) Von der Tag- und Nachtgleiche

b) Vom Karfreitag

c) Von der Walpurgisnacht auf dem Blocksberg

Woran erkennen unsere Pflanzen, dass es Frühling wird?

a) Daran, dass die Sonne scheint und Bienen beginnen, die Pflanzen zu bestäuben
b) Daran, dass die ersten Regenwürmer die Erde wieder auflockern und Insekten ihre Larven auf den Pflanzen ablegen
c) Daran, dass die Tage länger und die Temperaturen höher werden

Was ist der Grund, warum wir „frühjahrsmüde“ werden?

a) Wir haben im Winter zu wenig geschlafen, das möchte der Körper im Frühling nachholen
b) Die Gefäße weiten sich durch die wärmer werdenden Temperaturen im Frühling, und dadurch sackt unser Blutdruck ab
c) Wir bleiben durch die länger werdenden Tage länger wach, daran muss sich unser Körper erst noch gewöhnen

MÜCKEN

Wie werden Stechmücken in Österreich meist bezeichnet?

a) Schnaken
b) Gnitzen
c) Gelsen

Wie viele Stechmücken-Arten kommen in Europa vor?

a) 104
b) 14
c) 1400

Wofür benötigen Stechmücken die Proteine und das Eisen aus Blut?

a) Für ihre Flügel

b) Für die Eierproduktion

c) Für die Körperpflege

Wie alt ist die älteste bekannte Stechmücke, die in einem Bernsteinfossil gefunden wurde?

a) 79 Millionen Jahre

b) 30 Millionen Jahre

c) 790 Tausend Jahre

Wo kommen weltweit die meisten Stechmücken vor?

a) In den Wüstengebieten

b) In den Gipfeln der Berge

c) In der Nähe von Wasserstellen

Wie schnell kann eine Stechmücke maximal fliegen?

a) 30 km/h

b) 2,5 km/h

c) 12 km/h

MEER

Wie viel Prozent der Erdoberfläche sind von Wasser bedeckt?

a) 67 Prozent

b) 89 Prozent

c) 71 Prozent

In welcher Tiefseerinne liegt mit etwa 11.000 Metern der tiefste Punkt im westlichen Pazifischen Ozean?
a) Im Phoenixgraben
b) Im Marianengraben
c) Im Fidschigraben

Was ist gemeint, wenn in der Seemannssprache von „Abgreifen“ die Rede ist?
a) Das Messen der Entfernung auf einer Seekarte mittels eines Zirkels
b) Das Herausholen der Fische aus einem Netz
c) Das Retten eines Schiffbrüchigen aus dem Wasser

Die Bändermütze ist eine flache Kopfbedeckung für Matrosen mit zwei dunklen Bändern, die hinten frei herunterhängen. Wie wird diese Mütze auch genannt?
a) Tassenmütze
b) Löffelmütze
c) Tellermütze

Die meisten Steinkorallen leben in tropischen Meeren. Sie gehören, wie die Quallen auch, zu welchem Tierstamm?
a) Disteltieren
b) Nesseltieren
c) Moostieren

BEKANNTE MARKEN

Wann wurde der erste Milka-Werbespot mit lilafarbener Kuh gedreht?

a) 1956

b) 1973

c) 1995

In den 80er-Jahren tauchte in der Haarspray-Werbung für „3-Wetter-taft“ eine Vielfliegerin auf, deren Frisur bei jedem Wetter hielt. Bei ihrer letzten Landung brannte die Sonne. In welcher Stadt war das?

Rom

Welche Firma kämpfte dafür, dass das englische Wort „cakes“ zu dem Wort „Keks“ eingedeutscht wurde?

Bahlsen

Woher stammt die Nummer „4711“ des weltweit bekanntesten Kölnisch Wasser?

Es handelt sich um die ehemalige Hausnummer des Stammhauses in der Kölner Glockengasse.

Nach welcher Tierklasse werden in der Tradition der Papier- und Schreibwarenbranche manchmal Produkte benannt?

Vögel (Beispiele: Pelikan, Uhu, Adler, Marabu)